AF226825

DES

ALLIANCES COMMERCIALES

DE LA FRANCE.

Paris. — Imprimé par E. THUNOT et Cᵒ, successeurs de FAIN et THUNOT, rue Racine, 28.

DES

ALLIANCES COMMERCIALES

DE LA FRANCE

CE QU'ELLES SONT ET CE QU'ELLES POURRAIENT ÊTRE

Par M. NOBLET

EX-CHEF DE SECTION AU MINISTÈRE DU COMMERCE,
EX-SECRÉTAIRE DU CONSEIL SUPÉRIEUR..

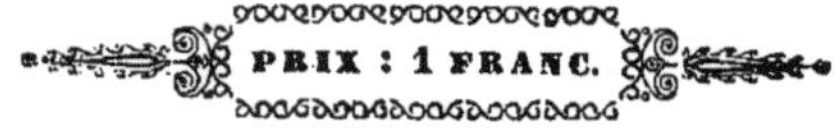

PARIS

CAPELLE, LIBRAIRE-ÉDITEUR

RUE DES GRÈS-SORBONNE, 10, PRÈS LE PANTHÉON

—

1850

DES

ALLIANCES COMMERCIALES

DE LA FRANCE.

Des alliances commerciales de la France. — Ce qu'elles sont et ce qu'elles pourraient être.

Quand le monde se repose fatigué des commotions politiques, quand la liberté, un moment déconcertée dans sa course, cherche à se reconnaître avant de reprendre à la trace de son sang la route qu'elle ne peut abandonner, dans ces courts intervalles où l'esprit humain semble hésiter vers son but, entre l'impulsion divine du Créateur et le génie du mal personnifié dans la tyrannie, les études économiques prennent une importance inattendue. Elles éclairent, elles dirigent l'instinct des masses, et les problèmes qu'elles embrassent s'élèvent à la hauteur des questions sociales les plus ardentes. — L'Europe aujourd'hui semble se recueillir dans un de ces moments de halte qu'on nomme repos. — De ce calme apparent qui date d'hier et don le terme est proche, nous voulons profiter pour jeter un coup d'œil sur la politique commerciale de la France. Ce que la politique accomplit, l'économie publique le prépare. Maintenant plus que jamais les rapports intimes de peuple à peuple ont leur base et leurs moyens d'expansion dans les affinités économiques. Pour porter tous leurs fruits, les alliances commerciales doivent donc être le jalon des alliances politiques. — C'est à ce point de vue que nous envisageons la situation extérieure de la France. Nous commencerons par dire ce qu'elle est d'après les actes diplomatiques qui l'ont constituée.

I.

De tout temps la France a eu cette singulière fortune d'exciter en Europe de grandes inimitiés et de nombreuses sympathies. En général, les peuples l'aiment et la respectent; les gouvernements la craignent ou la jalousent. Justes envers nous-mêmes . nous pouvons avouer que nous avons mérité ce double sentiment, bien qu'il n'ait pas toujours été, de la part des gouvernements surtout, l'expression d'une stricte équité.

Ce n'est pas autour de nous, ce n'est pas dans la communauté chrétienne qu'ont été fondées nos premières alliances de commerce. Lorsque, après avoir tenu en Orient la bannière de la croix, après s'être affranchie elle-même par la reprise de son territoire sur les Anglo-Normands, après avoir tendu la main à la liberté européenne en soutenant la réformation . — trois grandes phases de sa destinée, — la France jeta les yeux à l'horizon pour y chercher des alliés ou des amis, peu d'États lui furent sympathiques : elle n'aperçut de bienveillance réelle, de secours efficace et loyal que de la part de l'islamisme, et le *Fils aîné de l'Église* fut réduit à faire alliance avec l'ennemi né du nom chrétien.

De toutes les puissances militaires à la fin du XIVe siècle, la Turquie seule nous avait témoigné confiance et bon vouloir. De simples négociants, sans appui, sans titre et sans qualité . avaient suffi pour nouer entre les deux pays les premiers anneaux d'une chaîne à la fois commerciale et politique. Un acte passé, en 1507, entre *le Sultan* et *les consuls de France et de Catalogne* à Alexandrie, fut la source de ces *capitulations* dont la première, souscrite par François Ier et Soliman Ier, fils de Sélim, porte la date de février 1535. Successivement renouvelées et étendues par les soins de Henri IV, Louis XIII. Louis XIV et Louis XV, les capitulations forment avec les traités des 25 juin 1802 et 25 novembre 1838, le corps de notre droit conventionnel, dans le Levant et dans toutes les possessions de la Porte-Ottomane. Elles reconnaissent le protectorat de la France dans les États turcs sur toutes les nations qui n'ont pas auprès de la Sublime Porte des ambassadeurs ou autres agents diplomatiques capables de soutenir leurs droits ou leurs intérêts. Elles accordent aux Français établis en Turquie la juridiction de leurs propres consuls pour tout ce qui concerne les intérêts privés. Elles assurent au pavillon et au commerce français la même sécurité, les mêmes privilèges qu'aux nationaux eux-mêmes, et ne permettent pas qu'aucune puissance étrangère jouisse en Turquie d'immunités ou de facilités quelconques qui ne deviennent immédiatement communes à la France. Elles exemptent nos navires de tous droits de navigation et les affranchissent de toutes difficultés, soit pour le passage des Dardanelles et du Bosphore , soit pour la navigation de la mer Noire. Pour toute taxe de douane , elles ne demandent à nos marchandises qu'une redevance de 5 p. 100 à l'entrée, et 3 p. 100 à la sortie; ces droits, il est vrai, ont été convertis, en 1838, en un droit total de 12 p. 100, mais seulement d'après le consentement du gouvernement français.

Ces stipulations régissent, depuis trois siècles et demi, nos rapports commerciaux et politiques avec la Porte Ottomane; et dans cette longue période où sa fortune a subi tant de vicissitudes, il est sans exemple qu'elle y ait, sciemment ou par tolérance, fait la moindre infraction. Tout au plus pourrait-on signaler quelques violations particulières commises dans les provinces par des gouverneurs avides ou fanatiques, mais toujours la Porte les a réprimées dès qu'elle en a été instruite ou qu'elle a pu se faire obéir. Chez les Turcs , la fidélité à la foi jurée est une vertu publique et religieuse. Les provocations mêmes les moins méritées n'ont pu les déterminer à s'affranchir de nos capitulations. Ni l'invasion brillante mais peu morale de l'Égypte; ni la victoire plus chevaleresque que politique de Navarin, ni les secours fournis à la Grèce, ni la conquête d'Alger n'ont porté la moindre atteinte à nos priviléges dans les États du Grand-Seigneur. La Porte a souffert et s'est plainte; elle n'a pas usé de représailles.

Remarquons un autre trait du caractère musulman. Dans une suite de traités qui , pendant une période de trois cents ans, ont constamment fortifié les concessions faites par elle à la nation franque, la Porte n'a pas réclamé une seule immunité correspondante à celles qu'elle nous accordait. Les capitulations n'offrent pas la moindre trace d'une exigence ou seulement d'un désir exprimé par elle à cet égard. La franchise de Marseille , dont elle jouit comme les autres puissances et qui est devenue à peu près nominale pour elle depuis qu'elle a perdu la Grèce, n'a été déterminée que par nos propres intérêts. On peut donc affirmer que les concessions qu'elle nous accorde ont été tout à fait gratuites. C'est seulement dans le traité de 1802 que l'on trouve de la part des négociateurs turcs une sorte de souvenir des droits que confèrent ordinairement les principes de la réciprocité. Il y est dit, article 9, que les deux puissances ayant voulu s'accorder mutuellement le bénéfice de la nation la plus favorisée, s'assurent, dans les États l'une de l'autre, tous les avantages faits ou à faire à d'autres puissances. — Nous ne pensons pas que la France se soit jamais inquiétée de cette disposition autrement que pour s'en assurer à elle-même la jouissance dans les possessions de sa vieille alliée. Il est juste d'ajouter toutefois que ce même traité de 1802 renferme une clause qui occupe une place considérable dans les complications actuelles de la politique européenne, et dont nous espérons bien que la République française n'oubliera jamais la teneur; voici cette clause :

« La République française et la Sublime Porte se garantissent mu-
» tuellement l'intégrité de leurs possessions (art. 5). »

Notons ici , malgré l'espèce de contradiction qui en résulte, que le
bey de Tunis s'étant entièrement affranchi de la suzeraineté de la
Porte, le gouvernement français a passé avec lui, le 8 août 1830, une
convention sans limitation de durée, qui garantit à nos nationaux dans
la Régence un traitement favorable. La France fait un commerce de
6 à 7 millions avec les États-Barbaresques , Tunis et Tripoli. — Celui
qu'elle fait avec la Turquie s'élève à 30 millions environ, et occupe à
l'entrée 60.000 tonneaux de navigation française.

De l'Islam nous passons à la catholique Espagne. La loi chronolo-
gique, seule loi qu'aient jamais suivie. je crois, nos transactions
commerciales. nous y oblige. L'Espagne est , après la Turquie, le pays
avec lequel nous avons le plus anciennement contracté en matière de
commerce et de navigation Nos conventions ne remontent pourtant
pas au delà du milieu du XVIIIe siècle : elles datent du pacte de famille
conclu le 15 août 1761. A cette époque, les liens qui unissaient les
deux branches de la maison de Bourbon étaient loin d'être détruits,
quoiqu'ils fussent déjà sensiblement relâchés. Un ministre français,
grand seigneur mais patriote (1), attacha sa gloire à les resserrer, et il
y parvint, grâce à l'appui qu'il trouva en Espagne dans un roi éclairé (2),
phénomène qui, malheureusement pour ce beau pays, ne s'est pas
renouvelé depuis lors.

Les Espagnols ont si mal compris le pacte de famille, ou plutôt les
adversaires de la France ont si bien réussi à le leur rendre suspect,
qu'on le représente presque toujours en Espagne comme une transaction imposée par la force, ce qui est faux historiquement; la France,
sous le faible Louis XV. n'imposait guère à ses voisins, et Charles III
était peu disposé à reconnaître la suprématie de son royal parent. De
fait, le traité de 1761 fut un acte inspiré par l'intérêt bien entendu
des deux pays (3); aujourd'hui encore il conserve politiquement et
commercialement une grande valeur. puisqu'il assure à deux peuples
dont le territoire se touche en un seul point, des relations faciles
et fructueuses. et qu'il leur prête un appui mutuel contre leurs ennemis, sans exiger de l'un ou de l'autre aucun sacrifice d'indépendance ou de dignité. Ses conditions commerciales stipulent récipro-
quement le bénéfice du traitement national, tant pour le pavillon que
pour les droits d'entrée et de sortie sur les marchandises. Appliquées
d'une manière absolue, elles devraient donc exempter de toutes taxes

---

(1) M. le duc de Choiseul.
(2) Charles III.
(3) L'amer souvenir que Charles III conserva toujours de la conduite de l'Angleterre
à son égard quand il n'était encore que roi de Naples, et du sanglant affront que lui fit
subir l'amiral Martin dans sa propre capitale, fut pour lui le véritable motif du pacte
de famille.

de navigation les navires espagnols dans les ports de France et les navires français dans les ports d'Espagne, en même temps qu'elles excepteraient les produits des deux pays importés de l'un à l'autre, de toute surtaxe afférente soit à l'importation par navires du pays producteur, soit à l'importation par terre. Rien n'indique qu'ainsi entendues, ces immunités aient eu, sous l'ancienne monarchie, aucune influence défavorable sur la situation économique des deux États ou de l'un d'eux en particulier. Cependant. lors du rétablissement de la paix après les guerres de l'Empire, la France ne consentit qu'à une rénovation partielle du traité de 1761. Elle admit la suppression des droits de navigation sur les deux pavillons dans l'intercourse directe ; elle voulut même que le cabotage sur les côtes fût permis de part et d'autre, chose qu'elle n'a jamais accordée qu'à l'Espagne seule ; mais elle se refusa obstinément à se départir de la règle générale pour l'importation des marchandises. Ainsi les produits espagnols en France et les produits français en Espagne restèrent soumis à toute la rigueur des tarifs. Cette fâcheuse restriction pèse encore sur la situation commerciale des deux pays, et plus d'une fois elle a réagi sur leurs relations politiques. — Il s'est présenté dans ces dernières années une occasion solennelle de raviver dans toute son intégrité l'ouvrage de M. de Choiseul. On n'a pas su en profiter, ou plutôt on n'a pas osé ajouter aux griefs de l'Angleterre, déjà courroucée du succès matrimonial du duc de Montpensier, le succès tout autrement significatif d'un redoublement d'intimité avec l'Espagne. — Si ce résultat, fort désirable, peut être obtenu, ce sera l'œuvre de la République, qui, dégagée de tout intérêt de famille, peut seule inspirer à l'Espagne la confiance que sa politique et le soin de son avenir lui commanderaient d'avoir en nous. — La France entretient avec l'Espagne un mouvement d'échanges qui dépasse 85 millions. et dans lequel les produits nationaux des deux pays figurent pour plus de 60 millions. Leurs échanges occupent à l'entrée 57 à 58,000 tonneaux de navigation chargée, dont 32,000 sous pavillon espagnol.

Vingt-cinq ans après la signature du traité de 1761, le Cabinet de Versailles, jaloux d'effacer dans l'esprit du gouvernement anglais les vieilles impressions que ce pacte avait soulevées et d'apaiser les rancunes plus récentes des secours donnés à l'Amérique, crut pouvoir accéder aux propositions plusieurs fois offertes d'un traité de commerce entre les deux pays. Le vent de la mode, à cette époque, soufflait d'Angleterre. L'anglomanie régnait souverainement sur la société française. La philosophie, qui lui avait ouvert la porte à deux battants, en adoptait sans résistance les idées et les caprices. Ce fut elle qui rédigea le fameux traité de navigation et de commerce du 26 septembre 1786, traité sans racines dans les intérêts ni dans les besoins de la France, et qui succomba, bien avant son terme légal, sous le ressentiment des désastres dont il fut la cause. Pour montrer quelle imprévoyance, quel oubli de toute notion pratique présidèrent à sa préparation, il suffira de rappeler que l'Angleterre, à peine dégagée de la guerre d'Amérique, qui avait fermé à ses manufactures un débouché considérable, regorgeait alors de produits fabriqués dont elle ne pouvait se défaire à aucun prix. Le traité de 1786 leur ouvrit, par l'abaissement de nos tarifs, une issue inespérée. Ils inondèrent aussitôt nos marchés, qui se trouvèrent aprovisionnés subitement et pour plusieurs années, d'étoffes de laine, de poteries, de quincailleries anglaises, partout offertes à des prix inférieurs aux prix *de revient* des similaires français. Il n'en fallait pas tant pour désorganiser notre industrie manufacturière, encore faible et peu accoutumée aux crises d'une concurrence désordonnée. Elle voulut amortir le coup en se récupérant sur les objets de luxe, les soieries, les modes, les bijouteries, pour lesquels le génie de la France a eu de tout temps la supériorité. On essaya donc d'envoyer à Londres de fortes valeurs de ces articles. Mais là nos pauvres marchands se rencontrèrent avec le patriotisme exclusif de *John Bull*, qui ne tarda pas à leur prouver, par des arguments *irrésistibles*, sa profonde aversion pour tout ce qui froisse de près ou de loin ses intérêts. Nos magasins furent démolis à coups de pierre, nos marchandises détruites, leurs propriétaires ou leurs commis insultés et battus; et ces violences restées impunies furent pour le gouvernement français un juste motif de renoncer à la continuation du traité. On a prétendu que si la convention de 1786 fut nuisible à nos manufactures, ce dommage trouvait sa compensation dans les avantages offerts à nos productions viticoles par la consommation britannique, — assertion qui prouve aussi peu de connaissance des faits que de la situation réelle de l'Angleterre à cette époque. Liée par le traité de Methuen, l'Angleterre n'avait pas le droit d'accorder aux vins de France des conditions plus favorables qu'aux vins de Portugal. La taxe fut fixée au même taux pour les deux provenances. Mais les vins de Madère, plus chargés d'alcool et mieux appropriés aux goûts et au climat de la Grande-Bretagne, continuèrent à l'emporter sur les nôtres. Il est même à remarquer que l'assimilation apparente des deux produits rivaux devint comme le signal d'une recrudescence dans la préférence du peuple anglais pour les vins de Madère; de sorte que, tandis que nous trouvions à peine à lui vendre quelques tonneaux de plus qu'avant le traité, le Portugal voyait son exportation s'élever d'une moyenne annuelle de 11,400 tonneaux, à une moyenne de 19,600 tonneaux. L'exportation française n'atteignait pas au dixième de cette quantité (1).

Telle est en abrégé l'histoire du traité de 1786. Elle était peu propre à concilier en France une grande sympathie aux tentatives qui eurent

____

(1) Exactement 1,423 tonneaux.

lieu, immédiatement après la Restauration, pour opérer le rapprochement commercial des deux pays. Les traditions de l'Empire, toutes-puissantes encore à cette époque dans l'administration française , éloignaient d'ailleurs nos hommes d'État de tout arrangement qui eût impliqué un sacrifice quelconque de nos intérêts industriels. Aussi, malgré les sentiments de condescendance qui pouvaient exister dans les hautes régions du pouvoir à l'égard du gouvernement britannique, ne parvint-on à conclure avec lui qu'un simple traité de navigation. L'acte du 26 janvier 1826 n'a en effet que ce but restreint, et c'est peut-être à quoi l'on n'a pas fait assez d'attention dans les critiques dont il a été l'objet parmi nous. En plaçant les deux pavillons sur le pied d'une réciprocité complète, il donne, il est vrai, à la marine britannique un avantage décidé sur la nôtre, dont les conditions de navigabilité sont loin d'être aussi bonnes ; mais il ne le lui donne que dans les relations directes entre les ports des deux pays, mesure qu'il était difficile de refuser et qui bornée à un cabotage de quelques lieues, n'agit que sur la portion la moins importante des deux marines. Pour tout le reste , pour ce qui constitue la grande navigation , celle de l'Asie , l'Afrique et l'Amérique , le traité de 1826 a su , par de sages réserves , sauvegarder notre pavillon , dont l'activité renaissante n'était pas plus qu'à présent en état de lutter, à armes égales , contre le pavillon britannique. Il faut remarquer en outre que la supériorité de l'Angleterre, incontestable en matière de navigation, diminue singulièrement dans les compétitions purement industrielles. Nos progrès à cet égard diffèrent peu des siens : et si les Anglais l'emportent en général par le bon marché des produits manufacturés, ils le doivent moins à l'habileté de leur main-d'œuvre qu'à l'abondance des capitaux d'où résulte une diminution relative dans leurs frais généraux de fabrication, et surtout à l'avantage qu'ils ont de pouvoir se procurer certaines matières premières , ainsi que la houille, à plus bas prix que nos fabricants. — Or, malgré cette double cause d'infériorité, la France, défendue sur son marché par un tarif approprié aux forces de son industrie, l'a presque toujours emporté dans les échanges depuis comme avant la signature du traité de 1826 (1). — Nous ne saurions donc admettre à beaucoup près les accusations qui ont été portées en France contre cette transaction. Favorable au pavillon britannique

(1) En 1848, la valeur de l'exportation française a dépassé de près de cinq fois la valeur de l'importation anglaise. Mais ce résultat tient à deux circonstances toutes spéciales qui ne permettent pas de s'en prévaloir dans le raisonnement. Il est dû aux réformes du tarif britannique, qui ont appelé les produits étrangers avec une affluence extraordinaire, et aux primes par lesquelles il a fallu surexciter notre exportation, après la révolution de février, afin de suppléer à la stagnation de nos ventes à l'intérieur. En temps normal, nous fournissons à l'Angleterre pour 110 à 115 millions de nos produits contre 72 à 75 millions des siens. Les rapports maritimes sont marqués par les chiffres de 192,000 tonneaux pour le pavillon français, et 595,000 tonneaux pour le pavillon britannique (entrée navigation chargée).

dans une proportion dont on vient d'apprécier la portée, elle a aussi son utilité pour l'industrie française. On peut dire que les deux peuples ont à peu près également sujet de s'en plaindre ou de s'en louer selon le point de vue où l'on se place.

Mais depuis quelques années l'Angleterre a pris en face de ses rivaux de commerce et d'industrie une position qui fait voir combien peu elle croit pouvoir se préoccuper aujourd'hui des calculs qui dirigent la plupart des puissances commerciales. Après avoir successivement répudié, à la voix de ses deux grands réformateurs Huskisson et Robert Peel, les principes de protection industrielle sur lesquels elle s'était appuyée pendant si longtemps, elle vient de dépasser tout à coup les prévisions les plus audacieuses en portant la hache dans le vieil édifice de ses lois de navigation, ce palladium de la marine britannique, qui depuis Cromwell était resté debout résistant aux transformations mêmes des intérêts et de la politique. A-t-elle voulu, par un éclatant exemple de modération, se faire pardonner les progrès incessants de sa prééminence commerciale et les envahissements non moins constatés de son ambition maritime? A-t-elle voulu, à l'approche du conflit gigantesque que doit amener tôt ou tard cette fatale question d'Orient, se préparer par les réserves et les moyens de négociation dont elle a sagement armé son gouvernement, à réunir en un seul faisceau toutes les forces maritimes de l'Europe centrale? A-t-elle simplement tiré le corollaire du problème économique résolu par elle à l'abri du système défensif, et brisé l'échafaud après avoir fondé un monument qu'elle considère comme indestructible? — Quelle que soit la raison, secrète ou patente, du parti que prend aujourd'hui l'Angleterre, il faut admirer la résolution avec laquelle elle s'y engage, la foi de ses hommes d'État dans le génie et les ressources de leur pays, et la confiance de ce peuple qui s'abandonne sans murmure au pilote dont il a si souvent éprouvé le savoir et la vigilante hardiesse. — Plût à Dieu que la France fût en état d'imiter de pareils exemples! Celui qui écrit ces pages ne serait pas des derniers à lui conseiller de répudier à son tour les liens de la protection douanière. Mais pendant que nos rivaux d'outre-Manche s'avançaient à pas de géant vers le but, nos prétendus hommes d'État ont suivi une tout autre marche. On connaît le bilan de leur règne. La révolution de février en a mis à nu les plaies et les infirmités. D'autres que nous rappelleront ce qu'ils ont fait et n'ont pas fait de ce beau pays, appuyé sur deux mers, dont le système maritime ne demandait qu'à se développer; qui a possédé pendant si longtemps les plus belles colonies de l'univers, soutien nécessaire de sa force navale; dont le territoire aurait pu être si facilement doté d'un réseau de chemins de fer capable de lui assurer les avantages de sa position géographique en vivifiant les artères de sa richesse intérieure; et dont les finances pendant trente-cinq années d'une paix florissante, ont été tellement administrées par eux, qu'ils nous ont laissés, au moment de leur chute, écrasés d'un budget deux fois plus lourd qu'aux époques les plus calamiteuses de nos guerres continentales ! L'histoire de toutes ces fautes est à écrire. Chaque jour le temps en déroule une page, que le bon sens national se charge d'enregistrer. Bornons-nous à dire qu'une des erreurs économiques qu'il doit leur reprocher le plus amèrement, c'est peut-être l'inconcevable défiance qu'ils ont entretenue dans le pays à l'endroit de ses forces industrielles et commerciales ; défiance qui repoussant systématiquement toute alliance commerciale réelle, produit l'isolement, c'est-à-dire la faiblesse. — Nous disons l'isolement, car l'événement a prouvé que ni la convention de 1826 avec l'Angleterre, ni les arrangements analogues qui l'ont suivie avec les autres puissances maritimes de l'Europe, n'ont eu pour effet de créer entre elles et nous de liens sérieux.

Ce fut seulement plusieurs années après la révolution de 1830 que des ouvertures diplomatiques nous furent faites par ces puissances. Mais à partir de cette époque l'acte de 1826 devient le pivot sur lequel gravite toute la politique commerciale du gouvernement monarchique. On trouve, sous la date du 19 juillet 1836, une convention de commerce et de navigation avec le duché de Mecklembourg-Schwerin, une du 25 juillet 1840 avec les Pays-Bas, une du 9 février 1842 avec le Danemark, une du 28 août 1843 avec les États sardes, deux des 14 juin 1845 et 12 mai 1847 avec les Deux-Siciles, une du 16 septembre 1846 avec la Russie, et trois avec la Belgique sous les dates des 16 juillet 1842, 13 décembre 1845 et 17 novembre 1849, cette dernière appartenant par sa conclusion au gouvernement républicain, quoique l'idée en ait été conçue onze années auparavant, en 1838.

Bien que tous ces actes portent à peu près le même caractère, ils se distinguent cependant les uns des autres par des détails sur lesquels il est bon de donner quelques explications.

Rien à dire de la convention avec le Mecklembourg, sorte de gracieuseté matrimoniale enregistrée dans les deux pays avec les fiançailles du duc d'Orléans, et sans autre valeur. Quelques navires de Rostock et de Wismar en profitent surtout pour venir charger dans nos ports, après avoir opéré en Angleterre et en Portugal, environ 200,000 fr. de vins et d'eaux-de-vie. C'est à cela que se bornent les rapports commerciaux des deux États.

Il est à quelques lieues de nos frontières une puissance dont le territoire n'a pas en étendue le triple du Mecklembourg, qui cependant eut plusieurs fois l'honneur de se mesurer avec nous sur les mers à l'époque de notre puissance maritime la plus haute, que nous avons souvent attaquée sur terre sans raisons bien légitimes, et que nous venons encore, il y a dix-huit ans, de sacrifier à nos préférences en faveur d'un autre pays voisin. Cet État, qui offre le phénomène, rare aujourd'hui, d'un pays faible entretenant, par le seul effort du commerce, une flotte respectable, c'est la Hollande. Oubliant le siége d'Anvers et d'autres griefs encore, elle avait exprimé depuis longtemps le désir de se rapprocher de nous par une transaction commerciale; elle l'obtint en 1840, alors qu'après beaucoup de bravades qui devaient finir par une faiblesse, le ministère Thiers songeait à nous ménager dans les marines inférieures l'appui qui pouvait nous devenir nécessaire contre la marine anglaise. Ce fut le principal mobile de la convention de commerce et de navigation conclue le 25 juillet 1840. Elle concède, de part et d'autre, quelques exceptions de tarif sans grand intérêt; elle place les deux pavillons, dans l'intercourse directe, sur le pied d'une entière réciprocité, et permet à la Hollande, par une dérogation toute spéciale au principe vital de notre système de douanes, de nous envoyer par le Rhin des denrées coloniales, pour lesquelles le transport sur ce fleuve est considéré comme une extension du transport maritime. — Ces dispositions ont eu jusqu'ici peu de résultats. Les tarifs français sur les matières qu'elles favorisent restent encore trop élevés, et le marché hollandais a, comme débouché de nos produits, une importance trop limitée, pour que le traité puisse agir d'une manière bien efficace sur les relations commerciales des deux pays. La convention de 1840 n'a de valeur réelle que comme pierre d'attente des transactions économiques qui pourraient être établies plus tard dans un système politique plus soucieux de l'avenir (1). Nous y reviendrons dans le cours de cet article.

Il en est à peu près de même de la convention du 9 février 1842 avec le Danemark; conception diplomatique dont le plus grand mérite est peut-être d'avoir remis en vigueur, après la période cabalistique de cent années, l'ancien traité du 23 août 1742 qui a réglé si longtemps les rapports de commerce et d'amitié entre les deux États. Dépourvus d'industrie, mais navigateurs économes, les Danois font sous leur pavillon presque tous les transports auxquels donne lieu le mouvement commercial entre eux et nous. Les bénéfices de fret qu'ils y trouvent forment la compensation des deux millions et demi de produits agricoles et manufacturés que nous leur fournissons annuellement, et en échange desquels ils n'ont presque rien à nous offrir.

Française d'origine, de langage, de mœurs et de religion, la Belgique ne devrait faire avec nous qu'une seule et même famille politiquement et commercialement. Pour être juste, il faut reconnaître qu'en plus d'une circonstance décisive elle en a émis le vœu, et que

---

(1) Nous fournissons à la Hollande pour 6 millions de produits, elle nous envoie pour 7 millions des siens. Les rapports de pavillon occupent, à l'entrée, 10,000 tonneaux de navigation hollandaise, et 7,000 de navigation française (navigation chargée).

toujours elle l'a vu repoussé par l'égoïsme de la peur et des intérêts individuels substitués aux intérêts généraux dans la direction de notre politique internationale. Sans rappeler ici l'affligeante comédie jouée par le dernier gouvernement pour arrêter l'élan qui, en 1830 et 1831, emportait les deux pays l'un vers l'autre, sans reproduire les faibles arguments par lesquels on a prétendu justifier le refus de resserrer leur alliance naturelle même au moyen d'une combinaison purement monarchique, nous dirons qu'aucun des dangers dont on a si soigneusement étalé la fantasmagorie au sujet de la réunion politique de la Belgique à la France, n'existait relativement à leur réunion commerciale. Tout au plus pouvait-elle rencontrer dans les intérêts généraux des préjugés qu'il aurait été facile d'éclairer ; mais elle soulevait de la part de quelques intérêts particuliers des objections dont la ténacité devait être d'autant plus puissante qu'elle se rattachait à la fortune personnelle du chef nominal du cabinet des Tuileries. Peut-être serons-nous amenés quelque jour à signaler au pays les manœuvres par lesquelles les manufacturiers de Sedan, joints aux propriétaires des mines d'Anzin, parvinrent, en haine de la concurrence de Verviers et de Mons, à faire échouer tous les projets d'union douanière que suggérèrent alors de plus justes appréciateurs de nos besoins commerciaux et politiques. Contentons-nous d'établir pour le moment que c'est surtout à l'influence de ces hommes, maîtres alors de toutes les hautes positions du gouvernement et de la chambre des députés, qu'on doit attribuer le non-succès de ces combinaisons dont nous aurions dix-sept ans plus tard recueilli d'importants avantages. Le pays verra dans ce fait une nouvelle preuve du danger de confier ses destinées aux mains impures de l'intérêt mercantile ou financier.

Ce fut en 1842 seulement qu'à défaut d'union douanière, la Belgique obtint enfin un traité de commerce, expression que nous appliquons plus volontiers aux conventions conclues avec cette puissance qu'à toutes les autres, car elles contiennent au moins des concessions réciproques de tarif d'une certaine importance, ce qui distingue surtout les traités de commerce proprement dits des autres actes qui en usurpent indûment le nom. Le traité du 16 juillet 1842, accru et confirmé par celui du 13 décembre 1845, et en dernier lieu par une convention de navigation (17 novembre 1849), sur laquelle l'Assemblée nationale vient de délibérer, composent l'ensemble de notre droit conventionnel avec la Belgique. — Il a pour but de favoriser l'écoulement en France des fils et toiles ainsi que des machines et des ardoises de la Belgique, en même temps qu'il facilite le placement en Belgique de nos vins, de nos sels, de nos soieries, de nos tissus de laine et de coton et de nos modes. — A ces dispositions la convention de 1849 ajoute la suppression des surtaxes et la réduction des droits

de navigation sur les deux pavillons dans l'intercourse directe (1).
— La Belgique est un de nos grands marchés d'extraction et d'exportation en Europe (2). La similitude des goûts et des besoins en fait un des plus forts consommateurs de produits français, de même que la France est le plus fort consommateur de produits belges, notamment pour la fonte et la houille, ces agents indispensables de nos principales industries. Cela prouve assez, pour le dire en passant, l'erreur de ceux qui combattent l'annexion commerciale ou politique des provinces belges au territoire français. L'utilité réciproque que les deux pays trouvent dans leurs rapports usuels, tend chaque jour de plus en plus à effacer la ligne de démarcation idéale que la politique leur impose.

- Un marché non moins important pour nous que la Belgique, plus important peut-être à cause de son intime liaison avec la Péninsule italique, c'est celui des États sardes. Contigu à la France par la Savoie et le comté de Nice, qui ne sont véritablement que des provinces françaises, ce pays se confond d'ailleurs avec le nôtre par sa politique, dont les intérêts sont presque identiques. Sous le rapport de la production et de la consommation commerciales, le Piémont occupe un des premiers rangs dans l'échelle de nos relations extérieures. S'il fournit à la reine de nos industries, la soie, pour une valeur considérable de matière première, s'il y joint des produits naturels et des denrées alimentaires nécessaires à la consommation de nos départements du sud et du sud-est, nous trouvons sur le marché sarde un débouché non moins actif pour nos produits fabriqués, nos denrées coloniales, nos vins et nos eaux-de-vie. On peut dire, comme pour la Belgique, que les deux pays sont nécessaires l'un à l'autre. Aussi la force des choses a-t-elle amené entre eux ce qu'elle a produit entre la Belgique et nous, malgré les obstacles des intérêts individuels ou des combinaisons politiques, un véritable traité de commerce. Quoique timide et incomplète, la convention du 28 août 1843 mérite ce nom, puisqu'à l'exemple des traités belges, elle impose à chacun des deux pays, dans l'intérêt de son coassocié, des sacrifices de tarif et des exceptions réelles à son régime de douanes. Nos vins, nos spiritueux, nos modes et nos porcelaines sont favorisés dans les États sardes, de même que les bestiaux, les fruits frais, le riz et la céruse du Piémont sont favorisés en France

(1) Nous avons remarqué dans ce dernier acte une clause (art. 2, § 3) qui tendrait à investir les navires belges, venant d'Angleterre en France, du droit exceptionnel de navigation consenti pour les navires anglais dans le même cas, par suite du traité de 1826. — Ainsi appliquée, cette clause irait au delà de la pensée des négociateurs. Mais la commission de l'Assemblée nationale, à laquelle nous avons soumis nos doutes, assure qu'au moyen des réserves que constate la correspondance ministérielle, cette interprétation n'est pas à craindre.

(2) En 1848, les échanges entre les deux pays (comm. spécial) se sont élevés à une valeur de 127 millions, dont 53 millions à peu près d'exportations françaises.

par des dégrèvements de droits d'entrée. — Pour ce qui concerne la navigation, le traité assimile les navires de chaque pays aux bâtiments nationaux. — On y a introduit deux stipulations qui méritent d'être remarquées : une convention de garantie réciproque pour la propriété artistique et littéraire dont les conditions ont été spécialement réglées par un acte supplémentaire du 22 août 1846, et l'application, toute privative aux États sardes, d'un tarif au poids sur les bestiaux qu'ils nous expédient. — Cette dernière mesure, excellente à défaut d'une plus radicale, aurait dû être étendue à toutes nos lignes de douanes; on a eu le tort de la restreindre à ce coin de la frontière. — Les États sardes font avec nous un commerce de 74 millions, dont 39 à l'importation en France (comm. spécial).

La position qu'occupe la Sardaigne dans l'Italie supérieure, le royaume des Deux-Siciles l'occupe dans la basse Italie. Ces deux États peuvent avoir pour nous, dans certaines circonstances données, un intérêt presque égal. Aussi depuis longtemps Naples a-t-il été rattaché à la France par des arrangements internationaux. Avant la révolution de 1789, il profitait des dispositions du Pacte de famille, qui s'étendait à toutes les branches de la maison de Bourbon. Après la pacification de 1815, on voulut, pour Naples aussi, remettre en vigueur les clauses commerciales de cet acte célèbre, et les appliquer aux marchandises, mais en les appropriant aux besoins nouveaux qui s'étaient créés depuis. Ce travail, confié à des mains peu exercées, donna lieu à une des plus singulières conventions commerciales qui aient jamais été faites, celle du 28 février 1817, dans laquelle les négociateurs ont stipulé en faveur des Français des avantages supérieurs à ceux des nationaux mêmes, et qui renferme cette autre clause non moins étrange que ces mêmes avantages pourront être étendus *à tous les autres peuples étrangers*. Nous voulons parler de la remise particulière de 10 p. 100, accordée à la France par l'article 7 du traité, sur le montant de tous les droits et taxes payables en vertu *du tarif en vigueur au 1er janvier* 1816. Ce sont les termes de l'article. Il en serait résulté, s'il eût été littéralement exécuté, d'abord que jamais pendant la durée du traité le gouvernement napolitain n'aurait pu modifier les droits établis par le tarif de 1816, et ensuite, que le commerce fait par les Français aurait été dégrevé de 10 p. 100, tandis que les opérations effectuées par les Napolitains auraient subi l'intégralité de ce même tarif. — Mais cette clause n'a jamais reçu d'exécution sérieuse; et le traité dans son entier a fini, après de longues négociations, par être aboli d'un commun accord et remplacé par les deux conventions des 14 juin 1845 et 17 mai 1847, la première relative aux marchandises, la seconde relative au pavillon. — L'un de ces actes accorde à la France, en échange de ses anciens priviléges, des modérations de tarif importantes sur ses porcelaines et cristaux, ses ouvrages de

Bronze, ses papiers de tenture, ses cuirs vernis, ses crêpes et gazes, etc. ; l'autre stipule l'assimilation complète des deux pavillons en tout ce qui concerne la navigation directe. — Ce dernier (17 mai 1847) n'ayant pas encore été soumis à la sanction de l'assemblée nationale, est resté jusqu'ici sans exécution.

Quoique secondaire, le commerce que nous faisons avec les Deux-Siciles a de l'intérêt à cause des matières premières qu'il embrasse, telles que le soufre et les huiles, en échange desquels nous exportons des tissus de laine et de soie, des peausseries, de la poudre, etc. — Il s'élève dans l'ensemble à 16 millions environ (comm. spécial).

Le dernier traité de commerce et de navigation auquel la monarchie de juillet ait attaché son nom, est, si nous ne nous trompons, celui qu'elle a conclu avec la Russie et qui porte la date du 16 septembre 1846. — De fait, nous ne savons si aucun autre gouvernement en France aurait eu l'idée de contracter une alliance quelconque avec cette race perverse des Romanoff. — Traiter avec le bourreau systématique de la Pologne, avec le persécuteur acharné de tout ce qui porte un nom et un cœur libres sur le continent européen (1);

(1) Afin qu'on ne nous accuse pas d'avoir chargé de couleurs trop vives les appréciations sévères qu'on trouvera dans cet article sur les vues, la marche et le caractère du gouvernement russe, nous croyons devoir mettre sous les yeux du lecteur quelques lignes d'un écrivain *modéré*, dont personne assurément ne sera tenté de confondre les doctrines avec les nôtres :

« Il se passe aujourd'hui en Europe une chose cruelle et dont la cruauté nous paraît
» avoir peu d'exemples, même aux époques les plus funestes de l'histoire du monde.
» On procède de sang-froid, en pleine paix, et malgré une publicité chaque jour plus
» développée, à la destruction méthodique d'une nationalité ancienne, illustre, et qui
» devait être sacrée aux yeux de tous les peuples chrétiens, par le souvenir des bien-
» faits qu'elle leur avait conférés. Après avoir arraché à la nation polonaise toutes ses
» garanties politiques, civiles et sociales, *le maître qu'elle a reçu de la colère du*
» *ciel* travaille avec un rare mélange d'adresse, d'audace et de succès, à extirper de
» son sein la religion catholique. . . . . Chaque page du récit qu'on va lire mon-
» trera que la Russie ne recule devant aucun des moyens que peut fournir cette union
» de la ruse et de la force, et qu'elle sait indifféremment prêcher la liberté et l'égalité,
» comme en 1766, par la bouche de son ambassadeur Repnin, et laisser pendre par ses
» Cosaques à la même potence un noble, un moine, un juif et un chien, pour mettre
» cette égalité en pratique ; ou bien invoquer comme aujourd'hui les droits exclusifs du
» pouvoir royal. . . . . . . Il leur (Catherine II et Nicolas) était réservé d'inventer des
» procédés minutieux pour pénétrer jusqu'au fond des consciences, et de se placer en
» tiers entre les confesseurs et les pénitents. Avant eux. . . . . . on n'avait pas eu
» l'heureuse idée de proclamer que la confiscation de ces biens (ceux de l'Église) *prove-*
» *nait du désir de décharger le clergé de soins incompatibles avec son état.* Avant
» eux. . . . . nul n'avait imaginé, que je sache, de faire subir à un évêque une enquête
» médicale sous prétexte d'examiner si la résistance du prélat aux trames de la persécu-
» tion n'était pas *l'effet de l'abaissement de ses facultés intellectuelles.* Quel pays et quel
» système que celui où l'accomplissement des plus saints devoirs n'apparaît aux yeux du
» pouvoir que comme un acte d'incompréhensible folie, et où ce pouvoir ne craint pas
» de parler ainsi de l'autorité épiscopale au chef même de l'Église ! Et que dire de ces
» hommes qui en France ou ailleurs, après avoir eu connaissance de pareils faits, osent
» encore, tout en se disant catholiques, S'APPUYER SUR LA RUSSIE POUR TRAVAILLER AU
» TRIOMPHE DE LEURS OPINIONS POLITIQUES ? » — (Montalembert. Avant-propos de l'ouvrage intitulé : *Vicissitudes de l'Église catholique des deux rites en Pologne et en
Russie*, traduit de l'allemand, etc. Paris, chez Sagnier et Bray ; 1843.)

cela ne pouvait convenir qu'à un gouvernement matérialiste, sans principes comme sans élévation.

Nous montrerons tout à l'heure qu'il y a pour la France une autre position à prendre vis-à-vis de la Russie, même en matière de commerce. — Bornons-nous à dire, quant à présent, que ce traité, acte monstrueux aux yeux de la morale et de la politique, ne l'est guère moins dans son acception spéciale. — Que signifient en effet des exemptions réciproques de surtaxes et de droits de navigation stipulées avec un pays qui frappe la presque totalité de nos produits de droits prohibitifs ou de prohibition formelle? Est-ce que repousser la cargaison n'est pas repousser le navire? Comment a-t-on pu se laisser prendre à pareil leurre lorsque dans le cours des négociations les représentations les plus pressantes et les mieux fondées sur l'hostilité manifeste du tarif russe contre nos produits, n'ont pu amener la moindre déviation d'un système aussi sauvage que mal approprié aux intérêts de la Russie même? — Qu'est-il advenu de cette étrange situation? Dans un empire de 60 millions d'âmes, nous trouvons à écouler pour environ 14 millions de produits, dont la majeure partie est obligée de recourir, pour y pénétrer, aux voies honteuses de la contrebande; et nous recevons cependant pour 31 millions de produits russes. — Véritable marché de dupe en punition d'une honteuse faiblesse!... Et comme si, dans cet acte, tout devait être en dehors du bon sens et de la raison, le traité ne stipule que pour le commerce et la navigation de l'Océan, de la Manche et de la Baltique, laissant de côté tout ce qui concerne la mer Noire d'une part, et la Méditerranée de l'autre; c'est-à-dire que les taxes de navigation continuent à frapper dans le midi quand l'ouest et le nord en sont affranchis. — Nous considérons, pour notre part, comme inconstitutionnelle cette différence de traitement introduite entre deux parties du même pays par un acte international qui devrait faire à tous un égal partage des soins de notre diplomatie et des immunités qu'elle peut obtenir dans ses négociations. Nous croyons que cela seul devrait lui valoir une réprobation sévère de la part des législateurs appelés à en connaître, si pour d'autres motifs il n'y avait encore mieux à faire en le laissant périmer ou en l'annulant dès que l'occasion s'en présentera.

L'espèce de prédilection du gouvernement monarchique pour les transactions commerciales, ne pouvait s'arrêter à l'Europe. Elle traversa l'Atlantique et s'étendit sur les deux parts du continent américain, où du reste elle se justifiait beaucoup mieux.

Deux conventions spécialement ont signalé la diplomatie de la restauration en Amérique : celle du 24 juin 1822 avec les États-Unis, et celle du 8 janvier 1826 avec le Brésil. L'histoire de la première est assez curieuse pour mériter quelques explications spéciales.

Nos liaisons de commerce et nos rapports politiques avec l'Amérique du Nord datent de la même époque. La même année qui vit reconnaître par la France l'indépendance des treize États primitifs de l'Union, donna naissance à un traité de commerce et de navigation entre les deux pays. La convention du 1er septembre 1778, conclue sept mois après l'acte de reconnaissance (1), établissait le commerce international (direct ou indirect sans distinction) sur le pied de la réciprocité la plus complète ; il stipulait en outre le traitement de la nation la plus favorisée, et exemptait les navires américains en France de tous droits de navigation pour tous les cas, excepté le cabotage. — La France, à cette époque, recevait de Saint-Domingue et de ses autres possessions transatlantiques fort au delà de sa consommation en denrées tropicales ; et l'Amérique septentrionale, pauvre encore, peu peuplée, hors d'état d'offrir des débouchés aux riches produits de l'industrie européenne, commençait à peine à développer la culture du coton (2), qui devint plus tard la source et comme le levier de son puissant commerce. Nous avions donc peu d'avantages à recueillir de cette alliance sous le rapport des intérêts matériels : à cet égard aussi bien qu'au point de vue politique, tout était profit pour le nouvel État.

Durant les vingt années qui s'écoulèrent depuis le traité de 1778 jusqu'à son abrogation par les États-Unis le 7 juillet 1798, le commerce entre les deux pays n'avait pu jeter encore de bien profondes racines. Néanmoins ses résultats constatés révélaient déjà tout ce que l'alliance française offrait de spécialement avantageux à l'Amérique ; car dès 1792 l'importation des produits américains en France dépassait en valeur 25 millions de francs, lorsque nous ne placions dans l'Amérique du Nord que pour 5,600,000 francs de nos produits. Quant à la navigation, le rapport entre les deux pays était exprimé par les nombres de 22,018 tonneaux pour le pavillon américain, et de 20,495 tonneaux pour le nôtre (3).

Troublée subitement par l'acte du congrès du 7 juillet 1798, la bonne harmonie entre les deux peuples se rétablit deux ans après. La convention du 30 septembre 1800 remit en vigueur les conditions du traité de 1778 en les bornant de part et d'autre à l'application du traitement de la nation la plus favorisée, et bientôt le traité de cession de la Louisiane (30 avril 1803) vint donner aux États-Unis un nouveau fruit de leurs bons rapports avec nous. — La guerre maritime et continentale, qui régnait alors dans toute son intensité, appelait chaque jour le pavillon neutre du gouvernement fédéral à prendre une plus large part dans nos échanges extérieurs. Elle ne leur laissa bientôt

(1) 6 février 1778, reconnaissance des États d'Amérique par la France, ce qui nous vaut, le 13 mars suivant, la déclaration de guerre de l'Angleterre.

(2) En 1792, l'Amérique n'exportait encore que 62,719 kil. de coton. La France à cette époque revendait aux autres pays pour 70,000,000 fr. de denrées coloniales.

(3) Résultats du commerce extérieur de la France pour l'année 1792.

plus d'autre voie, jusqu'à ce que, par suite du système de blocus, tout commerce avec le dehors fut à peu près interrompu.

Survint la restauration. Elle trouva notre commerce chargé aux États-Unis, malgré le traité de 1800. d'un droit de tonnage de 5 francs par tonneau et d'une surtaxe de 10 p. 100 sur la valeur des marchandises importées, surtaxe qui pouvait revenir à environ 100 fr. par tonneau (1). Notre législation n'opposait à ces restrictions que le droit de tonnage de 4 fr. 12 c., qui s'appliquait au pavillon fédéral comme à tout autre pavillon étranger. On comprit le désavantage qui en résulterait pour notre marine marchande, et dans la vue de ramener l'équilibre, on introduisit dans la loi du 17 décembre 1814 un système de taxes différentielles, calculé de manière à assurer au pavillon national une prime de 10 francs par 100 kil. sur les principales denrées d'outremer. Deux ans après, le système fut complété par la loi du 28 avril 1816, dont les dispositions, généralisant les taxes différentielles en faveur de l'importation par navires français, défendirent en outre l'entrée des denrées tropicales par terre, ce qui forcément devait profiter à la navigation directe et donner à notre pavillon une part convenable dans l'intercourse.

Mais quoique fort légitimes en elles-mêmes et autorisées par l'exemple de la législation américaine, ces mesures causèrent une vive irritation aux États-Unis. Le gouvernement fédéral réclama. Des négociations s'ouvrirent. Tandis qu'elles se poursuivaient, un acte du congrès, en date du 15 mai 1820, frappa nos navires d'une taxe spéciale de 18 dollars (90 francs) par tonneau. — L'agression était flagrante, impossible à justifier. Elle amena des représailles. Tout rapport entre les deux États fut au moment d'être rompu. Contrairement à l'opinion qui prévalut en France, nous sommes porté à croire que si le conflit se fût prolongé, il aurait été beaucoup plus onéreux à l'Union américaine qu'à la France même. C'est du moins l'induction que nous pouvons tirer logiquement des chiffres du mouvement commercial et maritime avant et pendant le débat. Quoi qu'il en soit, les hostilités de douanes trouvèrent leur terme, deux ans après leur ouverture. dans le traité du 24 juin 1820, dont les clauses stipulèrent une complète réciprocité de droits sur les navires, et quant aux marchandises, l'abolition graduelle de toute surtaxe de pavillon.

Ce coup d'œil rétrospectif sur nos rapports commerciaux et politiques avec l'Union américaine n'est pas indifférent à l'appréciation de la position actuelle et future des deux pays vis-à-vis l'un de l'autre. Il ne faudrait pas le pousser beaucoup plus loin ni fouiller bien profondément l'histoire des soixante dernières années pour reconnaître de quel côté se trouve l'esprit de personnalité, et pour apprendre à la

(1) Avis du conseil général du commerce en France.

France quel est au juste le produit net de sa conduite chevaleresque de 1778 et 1803. — L'alliance des États-Unis conserve parmi nous une valeur d'opinion que la réflexion n'accorde pas mieux avec le testament bien connu de Washington (1), qu'avec l'esprit et la marche du gouvernement fédéral dans toutes les phases importantes des relations établies. — En fait, il n'existe, à notre connaissance, aucun acte positif qui justifie cette opinion ni les espérances auxquelles elle se rattache sous le rapport politique proprement dit. — Quant aux relations commerciales, personne n'ignore que le traité de 1822 a porté à notre marine, dans l'intercourse avec l'Amérique, un coup funeste dont il lui est impossible de se relever. Depuis cette transaction, l'infériorité du pavillon français, privé de tout appui dans la législation, s'est constamment traduit par un désavantage de 65 à 68 p. 100, la comparaison des tonnages relatifs donnant toujours 82 à 85 p. 100 à la navigation américaine et 12 à 15 p. 100 seulement à la nôtre (2). — Il est juste d'ajouter que pour l'exportation, l'Union, malgré le progrès incessant de ses fabriques, offre encore à nos marchandises un des plus riches marchés que puisse désirer l'industrie française (3).

Le marché du Brésil ne nous fournit pas, à beaucoup près, un débouché égal à celui des États-Unis (4). Il a son importance cependant par les affinités qu'il révèle entre les deux peuples, et nous avons expliqué dans ce recueil (5) quel intérêt il pourrait prendre, quelle activité il pourrait imprimer à notre marine, si nous savions profiter de la chance qui se présente pour l'appeler à notre aide dans la difficile question des sucres. Mais sait-on profiter de quelque chose en France ? Les hommes qui gouvernent ont-ils l'air seulement d'entrevoir la crise qui nous menace par le seul effet de l'abandon progressif de la production sucrière aux colonies ? Et si quelques-uns la soupçonnent, en est-il un seul qui s'occupe du contre-coup qu'en recevront notre marine et nos échanges, si l'on ne se hâte de chercher dans nos relations extérieures les moyens de l'amortir ? — De nouvelles conventions avec le Brésil seraient d'autant plus opportunes en ce mo-

(1) « Étendre nos relations commerciales avec les peuples étrangers, et établir aussi peu de liens politiques que possible entre eux et nous, telle doit être la règle de notre politique... Nous attacher par des liens artificie's aux vicissitudes de sa (l'Europe) politique, entrer dans les différentes combinaisons de ses amitiés et de ses haines, et *prendre part aux luttes qai en résultent*, ça serait agir imprudemment. » (Lettre de Washington à ses concitoyens). — C'est ce qu'on nomme son testament politique.

(2) Moyennes de 1837 à 1840. — En 1848, le tonnage à l'entrée a été pour les Américains de 114,760 tonneaux, et pour nous de 16,650 tonneaux seulement, soit 83 p. 100 à l'Amérique, et 12 p. 100 à la France.

(3) En 1848, les États-Unis nous ont envoyé pour 56,900,000 fr. de leurs produits, et ont reçu pour 99,400,000 fr. des nôtres (comm. spécial).

(4) En 1848, nous avons exporté pour le Brésil 12 à 13 millions de produits français, et importé pour moins de 6 millions de produits brésiliens.

(5) Voir dans *la Liberté de penser* notre article du 15 novembre sur la question des sucres.

ment que le traité du 8 janvier 1826, depuis longtemps périmé, n'existe plus que par tacite réconduction ; une sorte d'entente amiable entre les deux pays en proroge encore d'année en année les clauses principales. Sous le bénéfice de ce bon accord, qui pourrait cesser d'un instant à l'autre, la France réalise presque tous les avantages de l'intercourse, qui s'opère à peu près exclusivement par son pavillon. Quoique le mouvement de nos échanges au Brésil ne soit pas le quart du mouvement avec les États-Unis, notre marine y trouve un tonnage égal à la part qu'elle occupe dans l'intercourse avec l'Union Américaine, 12,300 tonneaux pour l'entrée seulement (navires chargés). — Or notre tarif exclut à peu près de notre consommation le sucre brésilien, et n'y fait qu'une place fort limitée aux cotons, cafés et cacaos de cette provenance. Qu'on juge de ce que deviendrait pour nous le marché du Brésil, dans un système qui laisserait au pavillon français la possibilité d'utiliser ces trois grands éléments de fret, et au pays en général la faculté d'accepter de telles contre-valeurs en retour de nos produits manufacturés !

Les autres États de l'Amérique du Sud, à l'exception des républiques du Pérou et de la Plata, ont tous été liés à la France par des conventions commerciales conclues dans l'espace de neuf ans, de 1834 à 1843. Ce sont : la Bolivie (1), l'Uruguay (2), le Mexique (3), Haïti (4), le Texas (5), depuis annexé aux États-Unis ; la Nouvelle-Grenade (6), Vénézuela (7), l'Équateur (8), et le Chili (9). Ces conventions, encore qu'incomplètes dans leur teneur et sans homogénéité, ont leur utilité relative. Elles donnent au commerce des garanties de sécurité qu'il était nécessaire de lui ménager dans des pays si sujets aux bouleversements intérieurs, et elles assurent au pavillon français un fret important. C'est en effet par nos navires que se font presque toutes les opérations entre nous et les nouveaux États de l'Amérique espagnole, jusqu'ici dépourvus de marine marchande. — Dans l'ensemble la valeur des échanges varie de 30 à 33 millions, qui emploient de 20 à 25,000 tonneaux de navigation française.

On a voulu poursuivre le système des conventions commerciales jusqu'en Chine et dans l'Océanie. Les îles Wallis et Sandwich ont été l'objet de deux traités, en date des 4 novembre 1842 et 26 mars 1846 :

(1) 9 décembre 1834.
(2) 8 avril 1836.
(3) 12 février 1838.
(4) 9 mars 1839.
(5) 25 septembre 1839.
(6) 18 avril 1840.
(7) 25 mars 1843.
(8) 6 juin 1843.
(9) 15 septembre 1846. Ce dernier traité, actuellement soumis à l'assemblée nationale, ne paraît pas devoir être ratifié sans réserves.

nous ne les mentionnons ici que pour ne rien omettre. Quant à la Chine, le traité solennel qui la concerne porte la date du **24** octobre **1844**, et l'on sait qu'il a été conclu à la suite d'une somptueuse ambassade, qui n'a guère eu d'autre effet que de revêtir des insignes diplomatiques les concessions déjà stipulées avec le Céleste Empire par l'Angleterre en faveur de toutes les nations commerçantes en général. — La dépense de cette ambassade aurait suffi pour acquérir dans l'Archipel asiatique un port, une île, une station quelconque où nos armateurs pussent établir un comptoir, et qui servît de point d'escale et d'approvisionnement à nos navires. L'Angleterre a eu besoin de créer Singapour avant de s'avancer vers la mer Jaune. Sans intermédiaires, il n'est pas de transactions commerciales possibles, au moins sur une certaine échelle, entre nous et des parages aussi reculés. Nous l'avons déjà expliqué ailleurs (1); il faut espérer qu'on finira par le reconnaître, et qu'on cherchera les moyens de réparer la faute qui a été commise à cet égard.

Enfin, nous ajouterons que la France a conclu, le 17 novembre **1844**, une convention *d'amitié*, de *commerce* et *de navigation* avec l'État de Mascate, pays à demi barbare divisé en deux parties fort éloignées l'une de l'autre, dont la première, Mascate et son territoire, tient aux contrées où domine la race arabe, et la seconde, la côte de Zanzibar, est principalement peuplée de nègres. Cette singulière puissance fait avec nos établissements de la Réunion et de Madagascar un commerce assez actif, qu'il était bon de régulariser par quelques dispositions de droit international. C'est à quoi pourvoit la convention de **1844**.

Si en achevant cette longue nomenclature de nos arrangements commerciaux et maritimes, on veut jeter les yeux sur les relevés de commerce et de navigation qui s'y réfèrent (2), on trouvera que la valeur des échanges entre la France et les pays auxquels elle est liée par des conventions commerciales, s'élève à un milliard environ (com. spécial), et que le transport (aller et retour) donne lieu à un mouvement maritime dans lequel la part du pavillon français dépasse **595,000** tonneaux. — Cela forme plus des deux tiers de tout le commerce français, et à peu près les cinq sixièmes de notre navigation.

(1) *Liberté de penser*, 15 décembre 1849.

(2) Notamment les tableaux joints par le ministère du commerce à l'exposé de son projet de loi de douane du 5 juin 1843.

II.

Nous avons dû mettre sous les yeux du lecteur le bilan de nos transactions commerciales tel que la dernière monarchie l'a légué à la République. On peut juger maintenant de ce que sont en réalité ces alliances. Au point de vue qui leur est spécial, elles n'ont et ne peuvent avoir qu'une importance secondaire, car toutes ou presque toutes sont fondées sur des principes généraux, la réciprocité des taxes et des priviléges de navigation, la remise mutuelle des surtaxes sur les marchandises, toutes choses excellentes, sans doute, comme moyens de négociation, mais qui en se généralisant, finissent par perdre leur prix. Il est évident que si après avoir concédé à l'Espagne, par exemple, l'abolition des différences de pavillon qui pouvaient constituer en faveur de la marine française un avantage de 20 à 30 p. 100 dans les relations entre les deux pays, la France vient à étendre successivement la même disposition à l'Angleterre, à la Hollande, puis à toutes les puissances navigatrices de l'Europe, cette faveur supposée cesse d'être, avec le temps, ce qu'elle était dans l'origine. L'exception devenue la règle ne peut plus être présentée sérieusement comme le terrain sur lequel les intérêts de deux ou de plusieurs États se lient par des concessions respectives pour le bien-être et pour la sécurité de l'avenir. Et comme si elles eussent éprouvé le besoin de se prémunir contre toute espèce de doute à cet égard, les parties contractantes ont eu grand soin de stipuler, chacune à son profit, l'application du traitement obtenu par la nation la plus favorisée. De sorte qu'il n'en est pas une aujourd'hui qui ne puisse revendiquer, quels que soient sa position et son degré d'intimité, tout avantage qui serait ou pourrait être fait à d'autres pays. Le dernier terme d'un tel système, parfaitement nul en diplomatie, se résout en un simple sacrifice de trésorerie, et tel est, de fait, le résultat définitif de la plupart des conventions de commerce et de navigation conclues, au nom de la France, depuis la restauration jusqu'à nos jours.

Politiquement, leur insuffisance est encore plus frappante. Conçues en dehors de toute idée systématique, sans racines pour la plupart dans les affinités nationales des peuples auxquels elles s'appliquent, elles n'ont jamais exercé d'action sur la marche ou les incidents de la politique européenne. L'Amérique même n'a jamais consenti à y voir autre chose qu'un règlement d'intérêts secondaires. et l'on se rappelle que lors de l'affaire des vingt-cinq millions, les États-Unis, pour une créance des plus contestables, allèrent jusqu'à risquer une rupture dont le premier effet aurait été l'annulation du traité de 1822.

La convention de 1824 ne paraît pas avoir eu plus de valeur aux yeux de l'Angleterre lorsqu'en 1840 l'affaire d'Égypte faillit amener entre elle et nous une si grave collision. — Il n'y a de véritables traités de commerce que ceux qui fondés sur des affinités réelles, préparent par la communauté des intérêts matériels, la communauté des vues et des intérêts politiques. — Tel a été pour l'Angleterre le traité de Méthuen avec le Portugal. Tels auraient pu être pour la France le pacte de famille, les conventions avec la Belgique et les États sardes ; et tels seront un jour ces trois actes si l'on sait tirer parti de tout le bien qu'ils contiennent en germe. Ainsi comprises et dirigées, les transactions commerciales sont un des besoins les plus actuels de l'Europe civilisée.

L'Europe, depuis que le doigt de notre grande Révolution lui a tracé la route de la liberté, a deux ennemis implacables qu'elle retrouve à chaque pas sur son chemin : ce sont l'Autriche et la Russie.

Placée au point de contact où le colosse de la Barbarie septentrionale vient heurter les idées françaises, l'Autriche avait un beau rôle à prendre dans les destinées de l'humanité. Ses peuples, que le soleil du midi mûrit chaque jour davantage pour la liberté, ne demandaient qu'à se laisser glisser doucement au but sur la pente qu'un gouvernement éclairé leur aurait aplanie. En se mettant à la tête du mouvement intellectuel dont la France est le foyer, l'Autriche aurait pu constituer son hégémonie de telle sorte qu'aucune puissance n'aurait essayé d'y porter atteinte. Du moins n'est-ce pas de notre part qu'on avait à craindre une telle tentative. Rentrée dans des limites qu'elle n'éprouve pas le besoin de reculer et que sa constitution actuelle lui interdit de déplacer violemment, la France ne travaille plus aujourd'hui qu'à l'agrandissement moral des peuples au secours desquels la portent ses sympathies et sa mission civilisatrice. En secondant cette mission, en la partageant, l'Autriche arrivait graduellement à introduire, par la diffusion des lumières, l'unité de principes et d'intérêts, qui seule peut sanctionner et consolider l'alliance des nationalités dont se compose son immense domination. C'était le plus sûr moyen de conjurer les convulsions et le déchirement à venir de toutes ces unions contre nature. Mais il aurait fallu tendre à l'homogénéité par l'affranchissement moral et politique. L'Autriche a mieux aimé rester fidèle à son antique devise : « *Divide ut imperes.* » Dirigée par une famille où les femmes sont des *Médicis* et les hommes des *Claude*, elle a préféré la compression convulsive de la liberté aux aspirations bienfaisantes d'un gouvernement progresseur. — Il lui a fallu d'abord ressusciter à grand'peine contre la France de vieilles inimitiés territoriales, et pour cela elle n'a trouvé rien de mieux à faire que de procéder par le mensonge et la calomnie. Son premier soin fut de nous peindre aux populations germaniques comme d'insatiables envahisseurs qui n'attendions qu'un moment favorable pour nous jeter de nouveau sur l'Allemagne (1) et la dévorer. Puis quand elle vit que malgré ses clameurs mensongères les progrès de la *Gallophobie* répondaient trop mal à son attente, elle chercha à susciter contre nous des ressentiments populaires en revendiquant deux provinces de langue tudesque, que nous avions, disait-elle, arrachées à la pacifique Germanie et qu'on avait eu le tort de nous laisser en 1815. Historiquement, rien de plus faux que cette allégation rétrospective. A l'époque de leur réunion, l'Alsace et la Lorraine n'appartenaient pas plus à l'Allemagne qu'à la France. La Lorraine est d'ailleurs pays de langue française depuis un temps immémorial, et quant aux parties de l'Alsace où l'on continue à balbutier l'allemand, si les questions territoriales devaient se décider ainsi par des similitudes de langage, la France aurait plus à gagner qu'à perdre dans les remaniements de territoire qui devraient en résulter. Pour quelques cessions partielles qu'elle aurait à subir sur sa frontière de l'est, que d'acquisitions lui seraient offertes en Belgique, dans les États sardes et jusqu'en Suisse! Et l'Autriche elle-même, que lui resterait-il si on la réduisait au patrimoine étroit sur lequel la langue maternelle de ses princes se confond avec celle du peuple? — Le paradoxe politique est quelquefois bien aveugle ou bien maladroit! Celui-ci n'eut qu'un moment de succès. et encore est-on surpris qu'il ait pu un seul instant faire illusion à l'esprit éclairé du peuple allemand, qui du reste en est bien revenu. Le progrès des idées françaises en Allemagne est un fait qui n'est plus contestable. Chaque jour en apporte la preuve. L'Autriche le sent, et ne se fiant plus à la puissance de ses baïonnettes serbes et croates. elle a pris le parti de se jeter elle-même dans les bras du tigre qui se prépare à faire curée de son sang après avoir épuisé celui de la Pologne. — Juste punition d'une race de princes infidèle à son mandat providentiel. mais cruelle catastrophe pour les peuples, s'ils ne savent pas la prévenir en se débarrassant à la fois du protecteur et du protégé !

L'autre ennemie et de beaucoup la plus redoutable des deux. c'est, on le comprend, la Russie. Celle-là du moins ne marche pas mystérieusement à son but ; elle s'avance à découvert, franchement, brutalement, et si l'Europe s'y trompe, c'est assurément qu'elle le veut bien. Il existe quelque part, en Russie, un tableau représentant Catherine II triomphante, un pied sur Saint-Pétersbourg, l'autre sur Constantinople. Sous la vaste tente formée par le manteau impérial, tous les souverains de l'Europe, sans en excepter le pape, sont réu-

---

(1) Ce conte eut un instant quelque apparence de vérité par la faute du ministère Thiers, qui en 1840, lorsque nous n'avions à nous plaindre que de la politique anglaise, s'avisa de menacer tout à coup l'Allemagne. Mais la France n'a jamais ratifié cette étourderie du moins consistant de ses hommes d'État.

nis, les yeux baissés et l'air abattu. Cette ambitieuse image devrait figurer sur le bureau de tout ministre des affaires étrangères, car elle est encore aussi vraie aujourd'hui qu'elle l'était alors. On sait que lorsque la Messaline du Nord, — plus abominable cent fois que celle du Midi, qui du moins n'associait pas l'hypocrisie et l'assassinat à la débauche, —on sait, disons-nous, que lorsqu'elle fit son voyage de Crimée, Potemkin lui fit élever un arc de triomphe avec cette inscription : « *C'est ici la route de Constantinople.* » — Alexandre disait, en 1808 : « *Sans les Dardanelles, la Russie n'a pas la clef de sa maison.* » — Cette clef, Nicolas a essayé de la lui donner par le traité d'Unkiar-Skelessi, 8 juillet 1833. Il déclarait alors fièrement qu'il ne souffrirait dans ses relations avec la Porte aucune influence étrangère, déclaration qu'il a voulu renouveler depuis à plusieurs reprises, mais dont la France et l'Angleterre heureusement ne sont nullement disposées à tenir compte.

Tout gravite en Russie autour de cette idée des successeurs de Pierre le Grand. Les prélats de l'église orthodoxe enseignent du haut de leurs chaires que Dieu a fait deux choses vicieuses en ce monde, Rome et Mahomet; mais qu'il a envoyé le czar pour exterminer ces deux fléaux et rétablir l'univers dans son état normal. C'est là, en effet, l'idée chérie des Russes. Ils se regardent, ils se donnent officiellement comme le peuple élu pour fonder un nouvel empire d'orthodoxie et de mœurs patriarchales, et cette monarchie nouvelle est prêchée dans les nombreux idiomes des vastes États moscovites. Ce qui n'est pas moins remarquable, c'est l'affectation toujours plus prononcée à se qualifier du nom de *Romains d'Orient*, pour signifier probablement que par l'hérédité de sa foi la Russie est le successeur légitime de l'empire byzantin. — Dans ces derniers temps l'orgueil moscovite s'est élevé à un tel degré d'arrogance et de témérité que, bien que fidèle encore comme toujours à son génie d'astuce et d'intrigue, il a presque jeté le masque et proclamé hautement, à la face de l'Europe, son but et ses prétentions. Ce fut une faute sans doute, mais cette faute, nous sommes porté à croire, contrairement à l'opinion reçue, qu'elle n'appartient pas seulement au souverain. Si l'idée de domination universelle qui s'est souvent emparée des hordes barbares de l'Orient, si la rage de sang et de ruines qui les a tourmentées à d'autres époques semblent depuis un siècle et demi se retrouver dans toutes les aspirations de la Russie, depuis les méditations de l'homme d'État dans son cabinet jusqu'aux *hourrahs* de l'automate habillé de vert sur les champs de bataille, c'est que les mêmes causes qui jadis précipitèrent sur l'Europe l'avalanche des barbares travaillent aujourd'hui les peuples de la Moscovie. Irrésistible nécessité de donner enfin l'essor à des forces trop longtemps comprimées par le despotisme, besoin d'aller à son tour se poser en maîtres au dehors, puisque la maison n'offre que les fers et l'ignominie de la servitude, désir naturel de goûter les douceurs de la possession et des jouissances étrangères à la barbarie indigène, mépris affecté, haine jalouse d'une civilisation qu'on ne peut comprendre ni atteindre et que l'on voudrait détruire, ne fût-ce que pour faire disparaître un humiliant contraste, — tous ces éléments de désordre ou d'agitation poussent en ce moment les Russes et peuvent d'un instant à l'autre être mis en jeu soit de dessein prémédité soit par le seul effet du hasard. Or ce danger, déjà si grave en lui-même, s'accroît encore des ressources multiples et variées que la barbarie orientale a maintenant entre les mains. Au moyen âge elle agissait sans système régulier, en dehors de toute voie diplomatiquement tracée. Aujourd'hui elle a son plan, ses moyens et son but. La sauvage énergie des hordes a été disciplinée et soumise à des directions habiles, dont la science, apprise à notre école, reçoit de l'élève des perfectionnements que le maître n'avait pas soupçonnés. La corruption la plus raffinée, les séductions de l'esprit religieux, jusqu'à l'instinct généreux des nationalités, astucieusement réveillé sous le nom de *slavisme*, sont mis au service de la ruse et de la force brutale personnifiées dans un nouvel Attila.

Attila! c'est le seul renom, la seule gloire que semblent envier les czars, depuis Pierre Ier jusqu'à nos jours (1). Aujourd'hui comme au temps de Pierre, la politique russe n'a pour ressort qu'une soif effrénée de pouvoir, pour fin que l'éclat et l'appareil de la domination. De la moralisation des peuples, de leur bien-être et de leur avancement progressif par l'instruction, par le bienfait des arts industriels, il n'en a jamais été sérieusement question sous les successeurs de Pierre. Le jugement le plus indulgent qu'on puisse porter de Pierre lui-même, c'est qu'il a cherché à introduire dans ses domaines une culture exotique à laquelle les Russes ne prennent part que comme des manœuvres ou tout au plus comme de maladroits imitateurs. — La civilisation ne s'impose pas à un peuple; elle est le résultat d'un labeur intime, d'un concours intelligent et sympathique. Le législateur peut bien fixer la greffe sur l'arbre, mais pour qu'elle cesse d'être un rameau parasite, pour qu'elle fructifie, il faut que la séve la pénètre et que l'infiltration des sucs vitaux l'identifie avec le tronc. — La violence faite par Pierre au caractère russe lui est insupportable, odieux. Il obéit sans doute avec cette résignation fataliste qui est le type de l'esprit slave; mais c'est un frein qu'il ronge et qu'il supporte comme le knout et la servitude. La liberté dont jouissent les Russes est un peu au-dessous de celle des troupeaux qui paissent dans leurs steppes. Ils sont esclaves, de tout point esclaves, politiquement, intellectuellement, ecclésiastiquement. Pour le succès de vues gouvernementales

(1) Sans se l'expliquer, cette gloire, car l'histoire verra peut-être un jour dans Attila tout autre chose qu'un conquérant vulgaire.

parfaitement étrangères à leur situation intellectuelle et aux nécessités mêmes de leur vie, ils ont à supporter des charges écrasantes. Misérablement ballottés entre la civilisation et la barbarie, condamnés à une fastueuse misère, obligés d'agir aveuglément sur un ordre qu'ils ne comprennent pas, qu'ils n'ont pas même le droit de chercher à comprendre, — voilà l'état du peuple russe, et cet état est la base de la puissance artificielle des czars (1). — Pour la conserver, cette base, pour donner le change à l'imagination populaire, pour prolonger ces étranges illusions, au moyen desquelles on parvient à river ces malheureux aux chaînes dont on les accable, le gouvernement a besoin de la pompe des succès, de l'éclat des triomphes. Aussi fait-il enregistrer soigneusement toute victoire diplomatique, obtenue n'importe à quel prix; et quand aux conquêtes de ses diplomates il peut joindre la fortune des armes, il faut voir avec quel faste il en fait l'annonce à l'univers : « *Sire, la Hongrie est aux pieds de Votre Majesté !* » — Ces mots, qui sont venus comme un coup de tonnerre réveiller de son ivresse l'imbécile héritier de Marie-Thérèse, n'auront de pendant pour l'orgueil russe que quand quelque autre Paskewitch pourra écrire à son autocrate: « *Sire, Constantinople est aux pieds de Votre Majesté.* »

Il ne manque pas en Europe, en France surtout, d'hommes d'État, qu'une telle annonce effrayerait peu : peut-être même en est-il qu'elle réjouirait comme l'aurore d'une politique nouvelle plus accessible à leurs sympathies. Il faut croire que ces esprits éminents n'ont jamais bien approfondi les conséquences probables d'un tel événement. Constantinople aux mains des Russes ? mais sait-on, grand Dieu ! à quels bouleversements, à quelle subversion matérielle, morale et politique tendrait cette intronisation de la Barbarie et de la corruption dans la plus belle position géographique de l'univers ? Que ceux qui ne reculent pas devant une pareille idée, la supposent un instant réalisée ; qu'ils se représentent par la pensée le cortége de l'autocrate arrivant de Saint-Pétersbourg avec son bagage d'ukases pour s'installer à Stamboul à la suite des armées impériales et du knout. — Peuples de l'Europe, vous étiez habitués depuis plus de six siècles à échanger avec ces riches contrées vos pensées, vos goûts, vos produits..., il faudra, s'il vous plaît, réformer tout cela. La douane des idées, plus sévère, plus acerbe que celle des marchandises, va désormais veiller au Bosphore comme elle veille à Moscou, à Saint-Pétersbourg, à Varsovie ; on ne saurait se garder avec trop de soin de la peste de l'esprit et des lumières occidentales. — Vous Angleterre, vous, France, vous Allemagne, Belgique, Italie, vous faisiez dans nos domaines orien-

---

(1) Voir l'ouvrage de M. de Custine, et nos *Révélations sur la Russie.* — 3 vol. — J. Labitte, 1845.

taux un commerce considérable que les Turcs avaient la faiblesse de
tolérer au grand profit de vos manufactures et de votre navigation. Ce
commerce, nous n'en voyons pas la nécessité ; la Russie se suffit à elle-
même. Elle aurait pu, si elle avait voulu mettre en valeur les immenses ressources de ses terres fertiles, devenir la première puissance
agricole de l'Europe. Il aurait fallu créer des moyens de communication intérieure, percer des routes, creuser des canaux, attacher les
peuples à ses champs par l'intérêt de la propriété, mauvais système qui
élève les hommes en les moralisant et les dispose à la séduction des
idées modernes. — Nous avons répudié tout cela. Au lieu de développer l'agriculture, nous avons improvisé l'industrie, nous avons créé
des manufactures en frappant de prohibition tous les produits manufacturés des autres pays. Sur les bords glacés de la Newa on n'a guère
recueilli de ce système que des fantômes d'usines, des décorations
théâtral s plus propres à satisfaire les yeux que les besoins du populaire ; mais sous le ciel splendide de l'Orient, nous serons plus heu-
reux. Repliez vos bagages, remportez vos ballots... Et vous, artistes de
tous pays, qui veniez à la suite du commerce, sous la protection des
traités et de vos consuls, chercher sur ces rives hospitalières des jouissances et des inspirations, retirez-vous, la Russie se passera de vos il-
lustrations exotiques ; elle est assez grande pour aspirer elle-même au
sceptre des arts. Les arts, à notre voix, vont éclore en serre chaude,
comme les manufactures, comme les armes, comme les instruments
de destruction, comme ceux de la domination maritime... Esclaves,
qu'on se mette à l'œuvre ! Ce n'est plus à Sébastopol que sont vos ate-
liers, c'est à Constantinople ! Ce n'est plus dans les eaux tempêtueuses
de la mer d'Azof que sont vos chantiers, c'est dans le bassin de Mar-
mara. Il vous manquait du bois et du fer, en voilà ! Il vous manquait
des matelots, nos fidèles Grecs, nos braves corsaires, nos hardis navigateurs, aujourd'hui nos amis et nos frères en orthodoxie, demain
nos sujets, sont à vos ordres. Qu'avec leur concours, cinq cents vais-
seaux de haut bord soient promptement équipés, montés, amarrés de
Boghaz à Bujuckdéré... Puis alors, si l'Europe s'avise de se montrer
indocile ou peu respectueuse, nous verrons quels ordres nous aurons
à transmettre en même temps aux Dardanelles et dans le Sund !

Nous prions le lecteur de ne pas chercher dans ce qu'on vient de
lire une réminiscence de nos études littéraires. Ce ne sont pas de
simples figures, c'est l'expression fidèle et sans détour d'un danger
profondément senti. A nos yeux, Constantinople serait pour la Russie
une étape à l'asservissement de la Méditerranée, comme Varsovie a été
une étape vers Debreczin, comme la Hongrie pourrait être un jour la
dernière étape sur Berlin ou sur Vienne (1). Sans doute, la valeur des

(1) On lit ce qui suit dans plusieurs journaux : — Kalish, 5 janvier 1850. — On écrit
aux *Feuilles constitutionnelles de Bohême :*

populations éclairées de l'Occident ne faillirait pas à sa tâche, et l'heure suprême arrivée, on les verrait combattre vaillamment pour la cause de la civilisation. Mais que de sang, que d'alternatives funestes, que de hasards dans cette lutte de la liberté contre la barbarie armée de toutes les ressources du génie moderne et de l'obéissance de masses fanatiques! Le triomphe même serait pour nous plein de désastres. Mieux vaut cent fois prévenir l'horrible choc, dussions-nous, pour le rendre impossible, aller nous-mêmes chercher l'ennemi jusque sous les remparts qu'il ne menace encore que du geste. C'est ce que la Grande-Bretagne a vu de son coup d'œil d'aigle, et ce en quoi elle a pris immédiatement son parti avec une vigueur, une résolution qui seront, il faut le dire, l'éternel honneur de ses hommes d'État. La France aussi n'a point fermé les yeux à la lumière. Elle a répondu noblement, promptement, avec intelligence à l'appel du cabinet de Saint-James, et l'on a vu les deux flottes rivales prêtes à déployer, de concert, le drapeau d'une nouvelle croisade, plus motivée cette fois, plus juste et plus politique que les premières. Nous ne sommes pas suspect à l'égard du gouvernement actuel de notre pays, dont nous approuvons rarement la marche; mais, nous le disons hautement et avec bonheur, nous voudrions avoir à enregistrer plus souvent de pareils actes.

La vigueur de l'Angleterre à cette occasion est d'autant plus digne de remarque que, des deux puissances, ce n'est pas elle, à tout prendre, dont les intérêts sont le plus menacés dans la question. Reine de l'Océan, elle peut défier sur ce terrain toutes les colères de la barbarie moscovite; et en vérité, les amis de l'autocrate ne doivent pas lui conseiller d'en faire l'épreuve : s'il s'avisait de provoquer directement le léopard, Kronstad et Saint-Pétersbourg apprendraient vite à leurs dépens ce que c'est que la marine anglaise conduite par la vapeur et soutenue des mortiers à la Paixhans. Nous pourrions bien aussi de Brest et de Cherbourg faire entendre notre voix dans la Baltique; mais pour nous, le champ de bataille est double, et nous sommes obligés de diviser nos forces afin d'en porter la plus grande partie dans la Méditerranée où nous avons à défendre, indépendamment de notre littoral méridional, le magnifique berceau de nos possessions d'Afrique. Vulnérable en deux points importants du bassin de la Méditerranée, la France a, plus que toute autre puissance maritime, le droit et le devoir d'empêcher la barbarie disciplinée d'y porter ses débordements et ses ravages. Il faut, —c'est la Providence même qui le lui ordonne, —qu'elle veille, qu'elle agisse, qu'elle prépare tous les moyens de refouler à jamais les hordes

« Ces jours-ci sont arrivés, sous l'escorte d'un détachement de troupe, trois grands charriots chargés des cartes et plans dressés pendant l'expédition de Hongrie par les officiers de l'état-major russe. Les Russes n'ont négligé, pendant toute l'expédition, aucune occasion de prendre des renseignements de toute espèce sur les forteresses, les chemins de communication entre la Hongrie et la Transylvanie, sur l'administration et les finances autrichiennes.

russiennes au delà des limites dans lesquelles l'avenir de la liberté et l'existence de la civilisation exigent qu'on les renferme. — Or, cette mission, elle ne peut la remplir qu'avec le concours des intelligences, des intérêts et des sympathies de toutes les nations de l'Europe occidentale. C'est donc à les réunir, à se les assimiler qu'elle doit tendre avant tout.

Par son origine, par sa position morale, par sa puissance d'expansion, la France est tout à la fois la tête et le cœur des populations gallo-romaines, ibériques et franco-belges qui l'entourent ou qui l'avoisinent. Son génie rayonne également en Belgique, en Espagne, en Italie. Toutes ces nations s'approprient plus ou moins, sciemment quelquefois, souvent sans y songer, ses goûts, son esprit, ses passions. L'œuvre de cohésion à laquelle elle est appelée, lui a été en quelque sorte préparée par la nature et le temps. On a vu, dans la première partie de cet article, qu'il existait entre nous et l'Espagne, entre nous et la Belgique, des jalons sur lesquels s'appuient déjà une masse d'intérêts respectables. Notre premier soin doit être de les étayer, de les multiplier, de les étendre pour en former le faisceau de la communauté que nous avons à créer. Mais ce n'est plus par de simples conventions de commerce, actes nécessairement partiels et incomplets, qu'il faut procéder, c'est par une union franche, grande et durable de tous les intérêts, de toutes les forces industrielles et commerciales.

Quelques progrès que l'Espagne ait réalisés depuis trente ans, surtout dans certaines provinces, la France n'a pas à les redouter ; fussent-ils plus généraux encore et plus rapides ces progrès, nous ne devrions pas nous en préoccuper davantage. Au point où sont arrivés notre commerce et notre industrie, nous ne devons jalouser aucun des peuples dont le développement a suivi ou accompagné le nôtre. Entre eux et nous, il ne saurait être question de sacrifice ou de subordination ; il ne s'agit que de transaction, ce qui implique simplement un désavantage temporaire ou partiel pour quelques industries sur le marché commun. Ce sont là de ces éventualités qu'il faut savoir courir de part et d'autre, et sans regret, car elles sont toujours compensées largement par le succès du plan général. — Ce que nous disons ici à l'occasion de l'Espagne concerne également la Belgique. Il y a seulement cette différence que pour l'Espagne les compétitions dont nous aurions à tenir compte sont plutôt agricoles qu'industrielles, tandis que pour la Belgique c'est le contraire. Mais en agriculture comme en industrie, quand il existe analogie ou proportionnalité d'intelligence, de travail, de puissance financière, les compétitions ne sont plus que les excitations légitimes de la production, et les désavantages particuliers s'effacent avec le temps. Il n'en est pas qui ne puisse entièrement disparaître au bout de dix ans, terme que nous assignons à l'annulation graduelle des tarifs et des barrières de douanes entre les diverses parties de la grande association franco-ibérique. Pour être complète, l'union devrait embrasser, outre la Belgique et l'Espagne, la République helvétique. — L'Helvétie se sert déjà de nos ports pour la plus grande partie de son commerce extérieur. C'est un tribut que la nature lui impose et que nous avons toujours cherché à lui alléger par des facilités spéciales de douanes, bien qu'aucun traité positif ne nous en fît une loi. Le Suisse, par les souvenirs d'une antique alliance politique, par son amour de la liberté, par ses goûts et ses habitudes si rapprochés des nôtres, est pour ainsi dire un des membres de la famille française. La simplicité de sa vie et le bon marché de son travail pourraient, nous le savons, en faire un rival redoutable dans quelques industries qu'il cultive à peu près par les mêmes procédés que nous. Mais il est juste que la pauvreté laborieuse trouve ici-bas des compensations. D'ailleurs, avec quoi nous payerait-il les denrées coloniales et les matières premières qu'il tire de nos ports s'il ne pouvait nous fournir en échange les produits de son sol ou de son industrie? — L'Helvétie souffre déjà trop d'une situation commerciale dans laquelle elle a constamment à nous solder le double de ce que nous lui achetons (1). Cette inégalité de conditions ne saurait durer ; il est digne de la France de le reconnaître et d'y mettre un terme. On s'attache les peuples par l'équité comme par les bienfaits ; et ce ne serait pas trop de payer au prix de quelques millions de produits consommables, l'alliance permanente de la Suisse, ses affections et son dévouement. — Pour la Suisse, comme pour la Belgique et l'Espagne, c'est une conviction profonde que nous avons acquise par de longues méditations, le terme de dix ans suffirait amplement à réaliser, de part et d'autre, sans secousse, par une pente presque insensible, l'abaissement des barrières protectrices ou fiscales jusqu'à leur entier nivellement(2).

La Sardaigne, avec laquelle nous avons un commencement d'alliance commerciale et maritime comme avec la Belgique, doit nous servir de transition pour arriver à la ligue douanière des États d'Italie, et de levier pour l'organiser. Combien l'homme pratique et vraiment libéral ne doit-il pas regretter aujourd'hui que cette idée si simple, si patriotique, d'une union commerciale entre toutes les puissances italiennes, idée qui remonte, je crois, à 1846, n'ait pas été immédiatement acceptée et mise à exécution ! Les gouvernements, les hommes d'État qui diffèrent, par inertie ou par incapacité, l'accomplissement du bien lorsqu'il se présente sous une forme si dégagée de toute difficulté réelle, encourent aux yeux de la Providence une terrible responsabilité. Se

(1) Le double ordinairement, et quelquefois le triple, car en 1848 elle a reçu pour 39 millions de nos produits contre 13 millions des siens qu'elle a placés dans notre consommation.

(2) En 1845, nos études nous avaient conduit à proposer au chef du cabinet un plan qui rendait possible et facilement réalisable l'union douanière de la France et de la Belgique. Inutile d'ajouter que ce travail est resté enfoui dans la poussière des cartons.

figure-t-on tout ce que la seule fusion des intérêts matériels en Italie aurait pu épargner de douloureux gémissements à l'humanité, si elle eût été en pleine fonction, alors que la liberté, ressuscitée au signal parti de la France, réunit un moment tous ces peuples dans le même sentiment de répulsion contre l'ennemi commun? — Ce qui manque à l'Italie, ce n'est ni le patriotisme, ni l'énergie nécessaire à sa délivrance : c'est le lien fraternel, qui, unissant toutes les parties de ce grand corps, puisse imposer à chacune des sacrifices d'amour-propre ou d'intérêt, aplanir les asperités sociales ou politiques, dans un même but d'unité, de grandeur et de prospérité nationales.

Il faut relever l'Italie, l'éclairer, la moraliser, pour la rendre homogène et libre. L'union douanière eût été le point de départ, le fil conducteur du mouvement de propagation qui de la fraternité des besoins et du travail eût abouti à la fraternité des institutions. C'est pour cela, sans doute, qu'elle déplaisait tant à tous ceux qui vivent des divisions de l'Italie et de son abaissement actuel. En rappelant cette idée féconde, nous ne nous adressons pas on le sent, à ces êtres égoïstes qui ne voient jamais au delà de leurs propres satisfactions, non plus qu'à ces étranges doctrinaires qui ne pouvant, disent-ils, accorder l'émancipation intellectuelle des peuples avec l'existence temporelle de l'Église, ne craignant pas de déclarer l'indispensable nécessité de sacrifier la première à la sécurité de la seconde. Dieu merci, nous ne faisons pas cet outrage au christianisme ! D'accord avec l'Évangile que nous comprenons un peu mieux que nos adversaires, nous croyons que celui qui a détruit l'esclavage n'a pas voulu y substituer, dans le prolétariat et dans la dégradation morale, un nouvel ilotisme plus odieux que l'ancien, puisque celui-ci du moins n'était pas encore la négation de la parole divine. Non, Rome et l'Italie ne sont pas faites pour servir de marche-pied aux dignitaires du catholicisme. Non, Dieu n'en a pas accordé l'éternel fermage à des maîtres impitoyables qui fondent sur l'ignorance et la misère le revenu de leur luxe et la continuité de leur puissance. Il n'existe pas de peuples sous les yeux de la Providence qu'elle ait déshérités de sa divine protection au point d'en faire la proie et la curée de ceux auxquels elle avait dit : « Mon royaume n'est pas de ce monde... Soyez humbles et miséricordieux ! » C'est une véritable impiété qu'une telle supposition, et la France ne peut sans renier sa foi, sans se renier elle-même, en faire la base de sa politique. — Le jeu des événements précipité par de grandes fautes et de grands malheurs, a conduit au cœur de l'Italie une armée française, dont le courage et la discipline ne redoutent aucune comparaison étrangère. C'est un point d'appui pour toute entreprise approuvée par l'opinion publique. Sachons mettre à profit cette circonstance unique dans son genre, qui ne se retrouverait pas de longtemps. Mettons-nous hardiment à l'œuvre.

Commençons la régénération de l'Italie en introduisant d'abord l'harmonie dans les intérêts matériels. D'accord avec le Piémont, ce chef nécessaire de l'association italienne, posons les fondements de l'union douanière entre tous les États de la Péninsule. Il existe entre eux analogie des forces industrielles et financières, et, pour les deux points extrêmes les Deux-Siciles et la Sardaigne, analogie de forces maritimes. Avec de tels éléments une ligue commerciale ne peut que prospérer, car, sans froisser aucune des parties, elle offre les moyens les plus propres à vivifier l'ensemble. Quand l'association fonctionnera, quand le frottement des rouages aura suffisamment amorti les rugosités de la surface, soyons sûrs que là où l'entente économique aura passé, l'entente politique sera bien près de s'établir. De l'agglomération des intérêts privés naîtront comme d'eux-mêmes la concentration des intérêts publics et le développement de la communauté nationale.

Il s'est formé, au nord-est de la France, une autre association que nous avons vue poindre, grandir et se consolider malgré les obstacles que lui suscitait la sourde opposition de ses ennemis. Les hommes qui ont traversé les affaires publiques de 1827 à 1847 savent par quelle série d'erreurs économiques nous avons contribué nous-mêmes à la fondation et à l'affermissement de l'association allemande, que nous vîmes d'abord avec autant d'inquiétude que de regret. — Il faut croire que le succès de cette ligue était dans les desseins providentiels, puisque jalousée à son début par la plupart des puissances voisines, acceptée à grand' peine par les peuples mêmes dont elle devait doubler le bien-être et la force, elle est aujourd'hui l'ancre de salut sans laquelle l'antique Germanie, ballottée comme un vaisseau sans boussole, se verrait tour à tour traînée à la remorque de ses deux ennemies, l'Autriche et la Russie. La Prusse, en jetant vers 1825 le fondement de cette ligue maintenant si florissante, avait-elle la conscience de son œuvre ? Pour notre part nous le croyons. Nous pensons qu'elle en avait parfaitement aperçu la portée, et nous puisons notre conviction à cet égard dans l'opinion même que le cabinet des Tuileries s'en était formée dès le principe. Quoi qu'il en soit, la création de l'association allemande est assurément en politique comme en économie publique une des œuvres capitales des temps modernes. Qu'on se reporte par la pensée à soixante ans en arrière, et qu'on nous dise si en 1789, alors que l'Allemagne se débattait encore dans ses vieilles formes féodales, la Prusse aurait pu entreprendre ce qu'elle vient d'accomplir tout récemment dans le duché de Bade, à Francfort et dans le Holstein. Ce qu'elle a pu faire en ces trois circonstances, dans lesquelles d'ailleurs nous ne voulons pas la juger, l'Empire par le bras de l'Autriche, s'en serait chargé lui-même. Le protectorat a donc changé de main, et il en a changé malgré les traités de 1815, dont l'esprit était de replacer l'Allemagne et l'Empire, sous d'autres noms, dans la même situation qu'ils avaient respectivement en 1789. — Par la fondation de la ligue commerciale allemande, la Prusse s'est placée à la tête des peuples germaniques ; elle s'en est attribué résolument le patronnage ; elle s'en est déclarée l'arbitre, et elle vient de prouver qu'elle n'était pas hors d'état de soutenir le rôle que l'assentiment de ses coassociés lui a laissé prendre. — Cela est grand, cela est glorieux : il faut le reconnaître à quelque opinion qu'on appartienne. Mais cela impose des devoirs. Pour justifier pleinement le mandat qu'elle s'est donné, la Prusse a de grandes obligations à remplir. La première de toutes c'est d'affermir en la vivifiant l'unité allemande, et de la compléter par son accessoire naturel, l'amitié des nations hollandaise et scandinave. La position qu'elle a prise dans la querelle anti-libérale du Schleswig et du Holstein nous fait présumer qu'elle a bien compris ce côté de la question. Les vieilles libertés de la Suède et du Danemark sont le boulevard des libertés allemandes contre la barbarie tyrannique des despotes russes, maintenant surtout que les libertés polonaises et hongroises ont été dévorées. — Si la grande association allemande doit arriver un jour à la Baltique, et Dieu veuille que ce jour-là ne soit pas éloigné ! — ce ne doit pas être contre le vœu du Danemark et de la Suède, mais avec l'aide de ces deux puissances, afin qu'une fois en contact, les trois peuples navigateurs et commerçants puissent se donner la main pour enfermer au nord, dans les glaces de la Baltique, l'hydre de la barbarie, comme la France et l'Angleterre l'enfermeront au midi dans les Palus-Méotides. — Le second devoir de la Prusse est de se rapprocher de la France, son alliée nécessaire dans les nobles projets qu'elle a conçus.

La France, par la souplesse de son génie, par la générosité de son esprit initiateur et sympathique, par la communauté de sa double origine, par le bonheur qu'elle a de toucher tout à la fois les populations allemandes sur sa frontière du Rhin, et les populations italiques sur la Méditerranée, la France est l'intermédiaire naturelle entre les deux grandes associations du Nord-Est et du Midi. Industriellement, agricolement et commercialement, elle est parvenue aujourd'hui à un état de force et d'activité qui lui permet de leur faire toutes les concessions qu'elles peuvent lui demander l'une et l'autre pour arriver graduellement à un rapprochement intime, dernière étape d'une fusion complète, c'est-à-dire de la liberté de commerce sur le continent libéral.

Il y aurait ainsi trois grandes communautés commerciales, trois grandes alliances fondées sur les affinités économiques :

Au centre, l'alliance Gallo-Belge, composée de la France, de la Belgique, de la Suisse et de l'Espagne. — Elle présenterait un ensemble de 56 millions d'habitants, formant entre eux annuellement un mouvement d'échanges de 300 millions environ, commerce actuel que l'abaissement graduel des tarifs et leur suppression totale au bout de dix ans, accroîtraient dans une proportion considérable.

Au midi, l'alliance italienne, composée des États sardes, des États romains, de la Toscane, des Deux-Siciles et des principautés de Parme, Lucques et Modène, noyau compacte de 16 à 17 millions d'habitants, susceptible de s'accroître ultérieurement du territoire et des populations grecques et lombardes. — Ces pays font entre eux pour plus de 80 millions d'échanges, et avec la France pour 152 millions.

Au nord et à l'est, l'alliance germano-scandinave, composée de l'association allemande, de la Hollande, des villes anséatiques, du Danemark et de la péninsule Suédo-Norvégienne. Sa population ne s'élève pas à moins de 35 millions d'âmes. Les échanges de ces divers États entre eux dépassent aujourd'hui 280 millions; avec la France ils montent à 90 millions.

Ce seraient donc un ensemble de 107 à 108 millions d'hommes qui par les bienfaits du commerce et de l'industrie, par l'union progressive des trois grandes associations économiques, arriveraient à s'assimiler peu à peu dans leurs goûts, dans leurs besoins, dans leurs habitudes, dans leurs idées. — Corps immense où la vie des arts et de la liberté circulerait à grands flots dans toutes les artères, et dont les divers membres ne tarderaient pas à voir dans les avantages positifs nés de leur confraternité, le plus sûr fondement de la paix intérieure et de l'équilibre européen.

En face des trois associations amies, l'Amérique et l'Asie offriraient à leurs transports maritimes une activité croissante, un déversoir au trop plein de leur production manufacturière, qui recevrait d'elles en retour des matières ouvrables et des produits naturels.

A côté, l'Orient et l'Angleterre leur tendraient une main bienveillante. — L'Orient, auquel nous n'avons rien à demander, car, d'avance, il nous a tout accordé, et qui ne sollicite, pour prix de son immémoriale amitié, que le maintien de son indépendance actuelle (1). — L'An-

---

(1) Il faut signaler, pour faire mieux ressortir la conduite actuelle du gouvernement russe, le mouvement d'idées libérales qui anime en ce moment les hommes d'État de la Turquie. A l'heure même où la liberté européenne rencontre à Saint-Pétersbourg un si implacable persécuteur, le divan, ce sanctuaire de l'immobilisme, s'essaye à lui donner asile dans les institutions d'une partie des provinces turques. Il existe un plan pour l'affranchissement graduel des districts de l'Albanie et de la Macédoine, qui serait l'ère d'un changement complet de système dans la politique de la Porte envers les Rajas. Ce plan leur reconnaîtrait tout à la fois des franchises locales et des droits politiques. Il tendrait à constituer successivement, sous la suzeraineté du Grand-Seigneur, un ensemble de communautés presque républicaines, que relierait entre elles la similitude des situations, des mœurs et des intérêts. Déjà par un firman du 3 janvier 1850 le projet a reçu un commencement d'exécution dans le pays de Zagory, district albanais de 44 villages, peuplé de 16 à 18 mille âmes, et dont Janina est le centre. Dès aujourd'hui ce petit pays s'administre lui-même par ses propres officiers. On assure que d'autres affranchissements ne tarderont pas à suivre celui-là, — C'est peut-être la connaissance

gleterre, que ses dernières réformes économiques ont placée à peu près dans la même situation, mais qui cherchera sans doute à obtenir, par d'amicales transactions, certaines compensations aux concessions immenses dont elle a pris envers tous la noble initiative. Ces compensations, il est juste, il est politique de les lui préparer. La France n'est plus ce qu'elle était la veille du traité de 1786. Ses industries, ses productions de toute nature se sont agrandies, développées, affermies. Son capital circulant, aujourd'hui le plus considérable de toute l'Europe, l'élève pour la puissance financière au niveau des États les plus prospères et les plus avancés. On serait étonné de ce que la France pourrait entreprendre pour rapprocher ses institutions économiques de celles de la Grande-Bretagne si l'on voulait sérieusement étudier la question, et si d'ailleurs la position qu'elle doit prendre comme chef de la ligue gallo-belge lui permettait de séparer ses intérêts de ceux des autres membres de l'association. Ce qu'elle pourrait faire en ce sens est encore interdit pour longtemps à la Belgique et surtout à l'Espagne. Malheureusement les deux ligues parallèles de l'Italie et de l'Allemagne seraient encore moins en mesure de répondre, sous ce rapport, aux avances et aux désirs naturels de l'Angleterre. Lui ouvrir l'entrée de l'association italienne ou de l'union germano-scandinave, ce serait évidemment lui en donner le sceptre. L'Angleterre ne peut y prétendre, et elle trouve d'ailleurs d'assez riches dédommagements dans ses conquêtes commerciales de l'Asie et de l'Océanie, pour tenir essentiellement à obtenir de l'Europe centrale une adjonction qui en détruirait tout l'équilibre économique. — Mais ces réserves faites, nous admettons pleinement que les trois associations continentales devraient travailler à se rapprocher peu à peu de l'Angleterre par la diminution graduelle de leurs barrières de douanes, et nous pensons que la France devrait en donner le signal.

En dehors de ces combinaisons fraternelles ou amies, resteraient la Russie et l'Autriche. L'isolement, juste châtiment de la perversité politique, est la première précaution que doive prendre contre elle la justice humaine. Avant de tirer l'épée pour aventurer la cause de la civilisation dans une lutte suprême contre la Barbarie, l'Europe se doit à elle-même d'épuiser ses derniers moyens de pacifique défense. Disposant d'une force militaire active de 800,000 hommes, et d'une force navale de 1000 à 1200 navires armés de 12,000 canons, la grande ligue libérale attendrait, confiante dans ses ressources et dans la droiture de ses vues. Son attitude à la fois résolue et prudente laisserait une porte ouverte au repentir. Si l'Autriche, tôt ou tard, y venait frapper,

de ces vues progressives du divan et l'appréhension de les voir se développer sur une grande échelle, qui précipitent les intrigues et les coups de la Russie. Elle sent que la Porte, en semant la liberté autour d'elle, créerait le plus sûr moyen de résistance aux envahissements du Czarisme.

nous ne verrions aucune raison de la lui fermer. Quant à la Russie, il y a peu d'espoir de la voir arriver jamais à résipiscence, tant que la famille étrangère qui la domine continuera de peser sur ses destinées. L'orgueil féroce de la dynastie actuelle, sa cruauté systématique et son insatiable ambition, sont des éléments de violence que l'esprit d'équité tenterait vainement d'amortir. Pour les réfréner, on ne peut compter que sur la force. C'est cette force que nous proposons d'organiser sur la base de la fraternité des intérêts, sœur, principe et moteur de la fraternité des idées et de l'action politique.